Le monde merveilleux de mes 1 an

FLEURUS

Petit-Chat cherche Maman-Chat

Ce matin, Petit-Chat s'éveille dans son panier.
Il miaule pour appeler Maman-Chat.
- Miaou miaou.
Mais Maman-Chat n'est pas là !
Alors Petit-Chat saute de son panier
pour aller la chercher.
Elle est peut-être dans le poulailler.

Dans le poulailler, Petit-Chat rencontre la poule.
- Miaou miaou, miaule Petit-Chat,
je cherche Maman-Chat.
La poule répond :
- Cot cot codec, elle est peut-être allée boire
à la mare. Viens, allons voir !
Petit-Chat repart avec la poule.

Au bord de la mare, Petit-Chat et la poule rencontrent le canard.
- Miaou miaou, miaule Petit-Chat, je cherche Maman-Chat.

Le canard répond :
- Coin coin coin, elle est peut-être allée chasser les souris dans la bergerie. Allons-y !
Petit-Chat repart avec la poule et le canard.

Dans la bergerie, Petit-Chat, la poule et
le canard rencontrent le mouton.
- Miaou miaou, miaule Petit-Chat,
je cherche Maman-Chat.

La vache avait raison, Maman-Chat est déjà rentrée… et elle a préparé une belle surprise pour Petit-Chat : un gros gâteau d'anniversaire !

La vache répond :
- Meuh meuh meuh, elle est peut-être
déjà rentrée à la ferme.
Alors Petit-Chat fait demi-tour et repart avec
la poule, le canard, le mouton et la vache.

Dans le pré, Petit-Chat, la poule, le canard
et le mouton rencontrent la vache.
- Miaou miaou, miaule Petit-Chat,
je cherche Maman-Chat.

Le mouton répond :
- Mêêê mêêê mêêê, elle est peut-être allée se promener dans le pré. Allons la chercher !
Petit-Chat repart avec la poule, le canard et le mouton.

La poule, le canard, le mouton et la vache aident
Petit-Chat à souffler la bougie de ses 1 an.
- Bon anniversaire, Petit-Chat !

Les animaux de la ferme

Une souris

Un mouton

Un canard

Une poule

Des poussins

Une vache

Trouve le nom des animaux que tu vois.

Cherche et trouve

Retrouve les animaux
dans le dessin.

Le lapin

L'oie

Le chat

Le chien

Le coq

Comptine

Mon petit lapin

Mon petit lapin s'est sauvé dans le jardin.
Cherchez-moi, coucou, coucou,
Je suis caché sous un chou.
Remuant son nez, il se moque du fermier :
Cherchez-moi, coucou, coucou,
Je suis caché sous un chou.
Tirant sur ses moustaches,
Le fermier passe et repasse.
Mais il ne voit rien du tout,
Le lapin mange le chou.

Quand j'aurai 2 ans, je découvrirai les couleurs

Des canards au bec jaune

Un cochon rose

Un cheval marron